Pierre Waldeck-Rousseau

Ce qui tue
les Républiques

essai

ISBN : 978-1523818655

10 9 8 7 6 5 4 3 2 1

Pierre Waldeck-Rousseau

Ce qui tue les Républiques

essai

Table de Matières

Ce qui tue les Républiques

Waldeck-Rousseau n'avait pas vingt-trois ans lorsqu'il écrivit, en avril 1869, les pages qu'on va lire. À ce moment, ses études de droit achevées depuis quelques mois, il hésitait sur le choix d'une carrière. Par condescendance pour ses parents, il s'était fait à tout hasard inscrire comme avocat stagiaire au barreau de Paris, mais en réservant sa décision pour l'avenir. La magistrature lui était fermée : le respect des opinions de son père, républicain indéfectible, ses convictions et ses sentiments personnels lui défendaient de prêter le serment de fidélité à l'Empire. La profession d'avocat effrayait sa timidité naturelle ; il se sentait fortement troublé à l'idée de parler en public. Écrire le séduisait davantage. De bonne heure, poésie, littérature, histoire, les travaux de l'esprit l'avaient passionné. Il s'exerçait à des essais divers quand, à la veille des élections législatives du 24 mai 1869, les événements, en dirigeant son attention vers les questions politiques, lui mirent plus d'une fois la plume en main : c'est alors qu'il écrivit *Ce qui tue les Républiques*.

C'est une apologie raisonnée de la Révolution de Février, en réponse au pamphlet de Vermorel sur les « Hommes de 1848 ». Elle n'a jamais été publiée. Nous la donnons ici littéralement conforme au manuscrit. Comme on le verra, ce n'est pas une ébauche, c'est un tout parfaitement achevé. Toutefois Waldeck-Rousseau forma le projet de la compléter par un examen critique de l'esprit républicain en France. Déçu par les résultats des élections du 24 mai, il s'appliqua à rechercher si le peuple était, plus qu'avant le Deux Décembre, « capable d'une politique de raison et non d'une politique de sentiment ». Cette nouvelle étude, malheureusement, ne fut pas terminée. Les nombreux morceaux qu'elle comprend sont originaux, éloquents, mais il manque, par endroits, le lien final. Peut-être les publierons-nous un jour, avec d'autres écrits politiques de Waldeck-Rousseau, également inédits. Aujourd'hui, nous en détacherons seulement les premières lignes, parce que, dans la pensée de l'auteur, elles étaient destinées à expliquer la raison déterminante de son aperçu sur la Résolution de 48 :

« Ces quelques pages, dit Waldeck-Rousseau en parlant de *Ce qui tue les Républiques*, étaient écrites avant les dernières élections. Elles avaient été inspirées par un sentiment de réparation envers une époque singulièrement méconnue par beaucoup, indignement calomniée par quelques-uns ; par un sentiment de justice vis-à-vis de ce peuple qui subit plus les révolutions qu'il ne les fait de lui-même, souvent dupe, souvent victime, et jamais bourreau tant qu'il n'a pas cessé de s'appartenir à lui-même ; par un sentiment d'indignation et de mépris vis-à-vis de ces ambitieux obscurs, termites souterrains des révolutions, qui amenèrent la catastrophe de Juin… »

Ce n'est pas à nous de dire les remarquables qualités de cet essai de politique et d'histoire. Nous sommes persuadé que l'on sera frappé par la profondeur de pensée et la maturité de jugement qui caractérisent cette œuvre d'un jeune homme de vingt-deux ans. En tout cas, l'on ne pourra moins faire que de noter au passage, dans ces lignes datant de 1869, quelques-unes des idées directrices qui animeront, quinze ans plus tard, la doctrine politique et sociale de l'illustre homme d'État.

Henry Leyret

« Ce sont nos dettes qui font notre force, il n'y a pas un gouvernement assez audacieux pour accepter notre succession. »

Moins profonde que cynique, cette parole qu'on attribue à un homme haut placé dans les conseils d'un souverain pourrait servir d'épigraphe à l'histoire de nos révolutions. Elle explique en même temps l'inconcevable spectacle de ces règnes qui ne compensent même pas l'absence des libertés publiques par une apparente prospérité matérielle.

Un coup de main heureux, une sédition prétorienne portent au pouvoir un soldat de fortune ou un conspirateur audacieux : il fait main basse sur les libertés du pays et proclame du droit des baïonnettes le règne de tous par un seul. Il gouverne ; les charges qui s'accroissent, les impôts qui s'élèvent, attestent les expéditions désastreuses. Les finances s'épuisent, et le budget grossi par de longues années d'un despotisme onéreux offre bientôt le tableau d'une économie financière où tout est fictif, et qui repose sur le crédit alors qu'il n'y a plus de confiance. Enfin quand tout manque à la fois, le pays, endormi dans la corruption, qui se réveille dans la misère sent le rouge monter à son front et porte la main sur un trône vermoulu, et ce pouvoir si imposant s'évanouit au premier effort, semblable aux cadavres que l'immobilité seule a conservés, et qui tombent en poussière sous le doigt qui les touche.

Justice est faite. Mais il est trop tard : sous ce trône, il y a maintenant un abîme.

Nous n'avons jamais renversé un gouvernement qu'il n'eût successivement tari toutes les sources de la prospérité du pays et consommé la banqueroute. C'est seulement quand le sol rendu stérile est jonché de ruines, que nous nous tournons du côté de la Liberté dont nous avons voilé la statue.

C'est ainsi que dans les campagnes on appelle le médecin alors qu'il n'y a plus un malade, mais un mourant, et qu'il reste à peine un souffle dans le corps inanimé.

Au nouveau gouvernement qui trouve tous les ressorts du pouvoir usés, les finances en désarroi, la dette partout, le crédit nulle part, les esprits exaspérés, la misère grandissant d'heure en heure, on va demander d'acquitter les dettes de la tyrannie qui l'a précédé et de guérir les maux qu'elle a créés ; on va lui demander de faire la prospérité avec la détresse, la confiance avec la panique, la santé avec la souffrance ; on va le sommer de payer en un jour l'arriéré de désirs inassouvis, d'aspirations méconnues, d'ambitions justes ou injustes, que de longues années d'oppression ont amassé dans tous les cœurs et dans tous les esprits. Mais ce n'est pas tout.

Le pouvoir déchu a légué à ce gouvernement un ennemi cent fois plus terrible que la disette et que la ruine : l'intelligence du pays affaiblie par l'inaction, la force morale, détruite par la suppression de l'activité, un peuple généreux et fort par les passions, mais faible d'intelligence politique, et énervé par une complète centralisation dans les mains du pouvoir de toute l'initiative et de toute la responsabilité.

Accoutumé à tout attendre d'en haut, comme à tout y rapporter, ce peuple ne perdra pas en un jour l'habitude funeste de confondre le mot pays dans le mot gouvernement et de demander aux régimes nouveaux, non des institutions politiques qui lui rendent l'exercice de son activité dans l'ordre social, mais des reformes dans ces faits qui s'appellent prospérité et abondance du travail, qu'une dictature ne donne pas, qui ne peuvent se décréter, mais qui sont le résultat collectif des efforts, de la bonne volonté et de l'action de tous.

Ajoutez à cela cette question de l'avenir qui se pose à tous les esprits et les tient en suspens, cette redoutable menace qui s'appelle l'inconnu, X mystérieux d'un problème dont les deux autres termes sont un pays ruiné et un peuple étranger aux travaux d'une république libre, cette incertitude enfin d'une révolution qui met tout en question, où toutes les classes courent un danger, où tous les intérêts sont engagés, et vous aurez une idée presque exacte de la situation faite à toutes, les républiques par le passé, par les gouvernements antérieurs et par la nature. La justesse de ces considérations lorsqu'on se reporte à l'histoire de nos deux républiques est telle qu'il semble y avoir des règles pour cette évolution des idées politiques comme pour la marche des mondes aériens. C'est toujours au même point et à la même heure que la liberté passe dans le ciel des peuples : c'est toujours dans un ciel assombri et chargé d'orages.

Il faut reconnaître dès lors qu'il y a une logique des choses et un enchaînement des faits, facile à suivre, et que le meilleur historien est celui qui comprend le mieux cette toute-puissance du passé qui est à l'avenir comme la cause à l'effet.

La première Révolution commence à Luther, et ce premier gouvernement du peuple porta le poids des colères et des haines amassées pendant des siècles.

La Révolution de 48 commence au premier Empire : elle succomba sous le fardeau écrasant des besoins réveillés et consacrés par la première République, inassouvis durant ce règne de la force et ce gouvernement de l'épée, aigris par la Restauration, défiés par le Gouvernement de Juillet ; elle succomba surtout à cette impuissance résultant de l'asservissement et de l'irresponsabilité du peuple pendant cinquante années, et qui le rendaient impropre à gouverner, inhabile à se défendre. C'est faute d'avoir compris cette indiscutable solidarité qu'un écrivain vient de faire ce triste livre qui s'appelle : *les Hommes de 48*. Il serait d'ailleurs plus facile de le qualifier que de le définir. Est-ce une histoire ? est-ce une critique ? mais on y chercherait vainement deux assertions qui ne fussent pas contradictoires : une seule chose ne s'y dément pas un seul instant : je ne sais quel esprit de secte et le parti pris absolu de blâmer.

Ici l'auteur reproche au Gouvernement provisoire de n'avoir pas prévu la crise de Juin ; là il l'accusera de l'avoir provoquée et d'avoir sciemment attisé cet incendie ; plus loin il flétrira les hommes qui opposèrent l'énergie à la révolte armée ; mais auparavant il les blâmait d'avoir augmenté le mal en temporisante Ainsi, cet auteur croit encore à la toute-puissance des hommes, c'est-à-dire à la tyrannie providentielle du génie mis au service du bien. Si quelque chose montre l'inanité de cette doctrine, c'est précisément l'histoire du Gouvernement de Février.

On sauve un peuple enfant ou un peuple imbécile qui n'a pas plus conscience de ses droits que de ses devoirs : on ne sauve pas un peuple affranchi par la Déclaration de 89 : lui seul est capable de cette œuvre gigantesque, pourvu qu'il ait non pas seulement le désir, mais l'intelligence de la liberté.

89 en rompant ses entraves lui a rendu sa responsabilité : sous un gouvernement monarchique le pouvoir assume cette responsabilité en absorbant ses droits, — sous un gouvernement libre, c'est le peuple qui répond de la liberté.

M. Vermorel a cru sans doute qu'en fouillant dans tous ces douloureux souvenirs il y trouverait des enseignements ; il n'y a recueilli que des ferments de haine pour l'avenir : est-ce la faute de sa méthode ? ou celle de son esprit ?…

Ce livre, qu'il faudrait passer par l'appareil de Marsh pour y trouver une théorie, une doctrine ou un remède nettement indiqué, semble le manifeste d'un parti aussi difficile à définir que le livre de M. Vermorel. S'il n'a pas toujours été sans influence sur la politique et si bien souvent il s'est mis en travers sur la route des gouvernements libres, il n'a jamais été leur ministre actif. Ce qu'on peut dire de sa destinée, c'est qu'il sera éternellement le parti de l'avenir ; ce qu'on peut dire de sa nature, c'est que, semblable au Sénat carthaginois, il ne juge jamais au fond : l'accusé a-t-il réussi, oui ou non ? tel est le Code de sa procédure formulaire. Et comme il ne sera jamais au pouvoir d'un homme de faire l'âge d'or dans un siècle de fer, ses condamnations sont aussi nombreuses que l'humanité compte de tentatives pour rompre un des anneaux de la chaîne qui la rive au malheur.

C'est le chœur antique, qui, pas à pas, suit l'action de ces grands

Pierre Waldeck-Rousseau

drames ; mais il n'a pour les acteurs que d'amères paroles. Il ne reconnaît pas de bien relatif.

Du reste l'esprit de secte ne va pas chez lui jusqu'à amnistier ceux qui, sortis de ses rangs, s'emploient à la manœuvre ou se jettent dans les cordages. De ce jour ils ne lui appartiennent plus. S'ils n'ont pas reçu le don divin de commander aux éléments, ils sont impitoyablement jetés à la mer avec cette épithète : incapables ! autant dire : hommes.

Il en résulte je ne sais quelle aversion pour ceux qui ont échappé à l'ouragan, et toutes les fois qu'il voit sur sa route une de ces grandes ombres qui s'allonge au crépuscule, de l'histoire, il lui crie : « Ôte-toi du soleil de la France ! »

Dieu nous garde de défendre ceux qu'il a attaques ! Quiconque a le courage de se laisser élever sur le pavois des peuples, se dévoue à toutes les injustices : c'est moins un trône que la sellette des accusés.

Avant de reprocher au Gouvernement provisoire son incapacité et son ineptie, il eût été bon de montrer où était le génie, où les gens éclairés. Des brochures par milliers, des projets de constitution par centaines sont là qui attestent que tout le monde eut la parole dans le conseil souverain d'un peuple libre. Pourtant le remède n'est pas là, pas plus qu'ils n'indiquent où était le mal. D'ailleurs, devant des assertions comme celles-ci : que l'éloquence de Lamartine n'était qu'un assemblage de mots vides et que l'abolition de la peine de mort au lendemain des journées de Février ne signifiait absolument rien, que faire ? sinon laisser l'auteur à son mal, qui n'est pas contagieux en France, Dieu merci !

Mais à côté de ce premier grief, s'en place un autre que l'histoire repoussera et que la critique ne peut accepter. La responsabilité du funeste dénouement de ce drame y est attribuée tout entière au gouvernement. Ici il ne s'agit plus de défendre des hommes, il s'agit de restituer à cette époque de réforme et de lutte son caractère et son enseignement. Son caractère, car une telle imputation est directement contraire à la vérité ; son enseignement, car elle arrive à faire de la nation un être irresponsable, du citoyen un être sans volonté, d'une république un gouvernement personnel.

Chapitre I

Après une année d'agitations, de discussions animées et d'espérances confuses, la seconde République sortit tout armée d'un éclat de tonnerre.

Un coup de fusil tiré par mégarde, ou parti par l'imprudence d'un soldat, fut le signal de la lutte. Vingt-quatre heures après, il n'y avait plus ni royauté, ni assemblée : dans la salle des députés de la nation, il y avait une foule noire encore de la poudre et ivre de l'ardeur du combat ; dehors, tout un peuple en armes, exaspéré de son sang versé, rendu audacieux par sa subite victoire. Il n'y avait plus de gouvernement, il y avait un peuple. C'était un interrègne, un de ces moments dans le siècle où tout ce qui semblait affermi est ébranlé, tout ce qui était établi, renversé, où il n'y a plus de loi que la conscience universelle : détour sombre de leur destinée où le temps semble attendre les peuples pour les juger d'après leurs actes, les mettre face à face avec leurs vertus et leurs faiblesses, et les instruire à l'avenir.

Ce jour-là, le peuple et ses mandataires furent à la hauteur de la situation. La conscience de celui-là lui fut un frein plus puissant que les lois appuyées sur la force. Il n'y eut pas un crime commis par lui. Quelques hommes se mêlèrent à l'émeute pour verser le sang, comme la veille ils s'élançaient à l'incendie pour piller : hommes de proie qui surgissent de l'ombre dans les sinistres publics, mais non pas hommes du peuple. L'énergie, l'inspiration héroïque et toujours juste de ceux-ci en fit les chefs populaires de cette irrésistible manifestation qui, après une lutte victorieuse contre la monarchie, allait proclamer la République.

Pendant que l'un de ces hommes, du haut des rostres devenus une tribune populaire, faisait l'appel des noms dévoués au salut public, les jetait à la foule qui les lui renvoyait par des acclamations ou les écartait par des murmures, le canon d'un fusil s'abaisse vers lui, on veut le couvrir : « Laissez, dit-il, il tire trop haut ! » — C'était l'un des incapables qui, pendant soixante heures, devaient se jeter en médiateurs entre l'émeute et le droit, et diriger le peuple dans la voie glorieuse de la clémence et du pardon. Cette parole était une promesse que, de leur côté, il n'y aurait ni faiblesse, ni lâcheté : elle

fut tenue.

Le Gouvernement provisoire était créé, c'est-à-dire que sept hommes avaient reçu de quelques milliers de combattants le droit périlleux de devenir le tribunal improvisé auquel toutes les misères, toutes les vengeances allaient demander satisfaction ou justice : pouvoir inconnu de tous, étranger à la rue, qui, avant d'agir ou de succomber, devait s'imposer d'urgence à un million d'hommes soulevés. La première heure de ce gouvernement dans l'anarchie complète contint en germe tous les termes, toutes les faces, tous les dangers de ce problème qu'il fallait résoudre ; la résistance de quelques-uns, au nom du droit de tous, à l'ambition d'un grand nombre ; l'impuissance à solder en quelques heures la dette de cinquante années. Avec, pour rempart, le seul sentiment du juste qui d'instinct arrête les foules, mais qu'un instant suffit à renverser, il fallait dominer un peuple affamé de pain, et une faction affamée de pouvoir : le premier puissant par le nombre, la seconde puissante par l'attrait de ses doctrines, promesses dont le vague indéfini ne donnait pas de prise à la discussion dans les esprits peu éclairés, mais dont le mirage séduisant était une force d'autant plus redoutable qu'il répondait à un besoin du moment.

Arrêter l'effusion du sang, sauver la majesté de la Représentation, braver les sabres levés, fonder un gouvernement qui fût peuple par la générosité et par l'enthousiasme, sauveur par l'ordre et puissant par l'énergie : telle était l'œuvre qu'il fallait accomplir en quelques heures. Tout cela fut fait, sans un soldat, sans une violence, et sans qu'une goutte de sang fût versée pour ou contre cette autorité.

Nous n'avons point à raconter les trois journées ; l'esprit souffre comme dans un rêve à la lecture de ce drame qui dévore le temps et entasse dans quelques heures l'activité et le mouvement de plus d'un siècle. Durant ces trois jours, les membres du Gouvernement provisoire purent mesurer de l'œil la profondeur de l'abîme creusé par la royauté. La situation se résumait à chaque minute par le cri du peuple : donnez-nous du pain ; par le cri des ambitieux : laissez-nous le pouvoir ; par le cri du droit, qui fut plus fort que toutes les ambitions et que toutes les misères : justice à tous !

L'inventaire de la succession de la monarchie révéla au Gouvernement provisoire toutes les difficultés, sinon les impossibilités qu'il avait à résoudre. L'état des esprits était alarmant, l'état

des choses était désastreux.

Où le Gouvernement trouverait-il un appui ? sur quelle portion de la nation pourrait-il s'appuyer ?

Dans cet examen, se présentait au premier rang un parti qui s'appelait plus particulièrement le peuple. C'était lui qui avait fait la révolution ; il devait en recueillir les fruits. Juste, fort et généreux de nature, il était inconstant comme l'enthousiasme et versatile comme la passion. Un soupçon, un mot soufflé à l'oreille le soulevaient à chaque minute comme une mer furieuse qui se ruait sur l'Hôtel de Ville : un discours de Lamartine ou de quelque autre, prenant en lui ce qu'il y avait de magnanime pour le traduire dans une langue éloquente et imagée, apaisait ses clameurs et transformait sa colère en acclamations. Il était bon, mais faible, parce qu'il était ignorant. Il résumait et représentait pourtant la France, il en avait tous les sentiments, tous les besoins, toutes les forces, toutes les passions. Mais il avait cette inconscience des peuples longtemps asservis, péché originel qui les courbe dans une fatale impuissance, jusqu'au baptême rédempteur d'une longue pratique de la liberté.

C'était une arme plutôt qu'une volonté : à qui appartiendrait-elle ? l'avenir jugerait. C'était la seule force sur laquelle le gouvernement pût s'appuyer, de sorte que ce parti qui allait le soutenir avait lui-même besoin d'être protégé et défendu.

Derrière cette puissance il y avait un autre parti, dont le nom varie selon les époques, mais dont la doctrine est l'absolu ; qui ne veut rien du temps et tout de la force. Il a désespéré depuis longtemps du droit : pour sauver l'humanité, il lui faudrait six mois de dictature, le renversement radical de tout ce qui existe, pour fonder sur des ruines. Son but alors comme toujours était le triomphe violent d'une partie de la nation sur la nation tout entière : son moyen, les souffrances horribles du temps présent, les maux du passé, les promesses d'un avenir dont il semblait répondre. Il donnait à croire que lui seul compatissait aux maux des classes ouvrières : il faisait du cœur un monopole dont il s'adjugeait le bénéfice. À l'entendre, lui seul avait souffert, lui seul avait été froissé : il arrivait à se faire de ses douleurs, fausses ou réelles, un droit au pouvoir.

Il s'était formé et organisé d'une façon puissante dans les sociétés secrètes. Ses théories s'étaient affermies dans l'ombre, alors que la

lumière eût fait s'évanouir tout ce qu'il y avait en elles de chimérique et d'insensé. Chose étrange ! Ces hommes, qui parlaient sans cesse des misères de l'ouvrier qui travaille de ses mains, n'étaient pas de ces victimes du travail manuel. Aux journées de Février, on les vit allant de groupe en groupe fomentant les haines et attisant les passions. On les retrouva au 17 mars et au 16 avril, mains blanches qui n'avaient jamais touché l'outil, déclassés du travail de l'esprit qui ont tous les vices de la foule, sans en avoir ni la naïveté féconde ni les fortes vertus.

C'était la plus petite fraction, et la fraction mauvaise, de ce grand parti qui marchait à la réforme sociale par des théories aussi diverses que contraires, mais dont le point de départ était vrai : les maux intolérables d'une classe nombreuse, le but légitime et profondément humain : le soulagement de toutes les misères.

La question était tout entière dans ce fait de la situation douloureuse de la plus grande partie du pays. Le socialisme prétendait arriver à donner à tous leur part du bonheur terrestre. Criminel en ne l'accueillant pas, s'il pouvait réaliser ses promesses, le gouvernement ne l'était pas moins en lui confiant la dictature, si sa doctrine n'était qu'impuissance et ses promesses que mensonges.

Mais le socialisme qui était presque une religion présentait le spectacle le plus désolant que puisse offrir une doctrine. C'était l'anarchie personnifiée, une Babel où l'on n'eût pas trouvé deux hommes d'accord sur les moyens : les mille théories dont il se composait n'avaient qu'un point de contact — le même but, qu'une seule ressemblance — l'incohérence de leurs principes, qu'un seul résultat — la même impossibilité.

Il avait autant de programmes que de sectes, autant de sectes que d'hommes. Pour l'un, l'amélioration était dans le nivellement des fortunes, pour l'autre dans une dictature du travail confiée au gouvernement ; Fourier aboutissait au phalanstère, Louis Blanc à la suppression de la concurrence, Gabet à la communauté et aux lois agraires, Proudhon à la Banque sociale. C'était le renversement de tout et l'édification de rien.

On se demandait quelles garanties, quels gages donnerait cette oligarchie d'hommes auxquels le pouvoir social et la disposition des fortunes allaient être délégués. On découvrait alors que c'était un retour au despotisme le plus absolu, non pas seulement en politique, mais en économie privée : on se demandait pourquoi les effort s du siècle dernier, pourquoi tant de combats livrés au despotisme personnel ?

Les gens courageux, intelligents, actifs, ne pouvaient se résigner à ce niveau désespérant promené sur toutes les capacités pour ne laisser que l'inaction découragée dans une égalité honteuse.

Le socialisme partait de l'invraisemblable et aboutissait à une absurdité, l'identité des conditions : il supprimait la responsabilité et l'émulation avec la concurrence ; il arrivait à faire d'un peuple de citoyens une agrégation d'ilotes, où la moitié de la nation vivrait des aumônes forcées de l'autre, jusqu'au jour où, ne produisant plus rien et ayant épuisé toutes les ressources du passé, le pays se trouverait face à face avec la détresse et la faim. Il renouvelait la lutte des géants et des dieux, et déclarait à la souffrance la guerre de l'humanité : entassant les sophismes sur les utopies, il montait à l'assaut d'un monde imaginaire.

Là n'était donc pas le salut. En admettant qu'il fût investi du pouvoir suprême, qu'arrivait-il ? Une lutte sans merci d'une faction contre la nation entière, la panique centuplée, et le sol ébranlé sans que rien fût édifié. Rêve insensé, qui procédait à l'organisation du travail, dont le crédit est l'âme, en bannissant la confiance.

Il y avait enfin le parti conservateur composé des capitalistes et des propriétaires, portion du pays qui fait vivre l'autre par la consommation, comme le débouché fait vivre le commerce. Plus intéressé à l'ordre qu'aux changements, il voulait être rassuré : son action n'était pas à craindre, mais son immobilité était la ruine. Ainsi un peuple qu'il fallait prémunir contre ses propres égarements ; une faction ambitieuse et violente ; un parti vivant d'illusions ; une masse timide et farouche prompte à se retirer et à se soustraire au mouvement, tel était l'état des esprits à la chute du gouvernement de Juillet.

Défendre les uns, contenir les autres, rassurer et satisfaire tout le monde, voilà quelle était l'œuvre léguée au Gouvernement provisoire par ces dix-huit années de règne.

L'état des choses n'était pas moins effrayant. Ces dix-huit années d'un gouvernement, qui avait tourné toutes les difficultés sans les vaincre et apaisé les murmures sans faire disparaître les griefs, a aient porté le désordre dans les finances : on avait masqué le gouffre que chaque jour creusait davantage, sans chercher à le combler.

Ce que Victor Hugo exprimait éloquemment, trois mois plus tard, était vrai déjà : « Les familles riches étaient gênées ; les familles aisées étaient pauvres ; les familles pauvres étaient affamées. » Alors surtout on pouvait accuser les « fausses mesures » ; plus tard il faudrait gémir sur « la fatalité des circonstances ». Au moment où l'année 1847 s'ouvrait, l'hectolitre de blé avait atteint le chiffre de vingt-neuf francs ; au commencement de l'année 1848, ce n'était plus vingt-neuf, mais trente-deux francs qu'il coûtait. Pour tous, c'était la gêne ; pour beaucoup c'était la famine.

En même temps, et par une conséquence naturelle, l'agriculture était ruinée par l'usure.

Pour fournir à la France la quantité de froment nécessaire à sa consommation, il avait fallu une importation de 160 millions, chiffre énorme à cette époque. La détresse des citoyens réfléchissait sur le gouvernement. L'état des finances, ce thermomètre de la prospérité du pays, était plus déplorable encore.

Le budget de 1847 avait révélé un déficit certain de 243 millions. C'était un symptôme effrayant de la crise financière avec laquelle la République devait se trouver aux prises. Au moment où le Gouvernement provisoire faisait l'inventaire de la situation, elle pouvait s'analyser ainsi : une dette flottante de 700 millions, une dette publique constituée de 7 milliards.

Sur ce débet énorme, 900 millions exigibles au mois de mars ; la Banque de France en détresse, ayant besoin d'être secourue loin de pouvoir venir en aide au gouvernement ; la lettre de change, ce papier-monnaie qui est la vie du commerce, discréditée et comme frappée de mort ; deux milliards d'actions industrielles dont le remboursement entraînait la faillite de toutes les compagnies et la suspension de tous les travaux.

Et, planant sur ce tableau, la conscience chez tout le monde d'un mal possible dont on comprenait l'immensité, si on n'en connaissait pas la nature, cette terreur du capital qui arrête le mouvement, suspend les opérations et centuple les difficultés par la stupeur, cause et résultat de toutes les commotions publiques. Pour faire face à toutes les exigences, pour payer les créanciers de l'État, secourir la Banque assiégée de demandes et vidant ses caves sans combler cet abîme de la dette ; pour rendre au commerce le crédit, l'essor à l'industrie, à la société l'espoir, le gouvernement trouvait *en caisse 192 millions*.

Il lui fallait en quelques jours accomplir des réformes politiques, des réformes sociales, des miracles de finances !

La réforme politique était au premier rang des actes du pouvoir nouveau. C'était une révolution dans les principes qui ne changeait en un instant ni les choses ni les hommes. Pourtant il en est des gouvernements pour les peuples, comme de l'air qu'il respire pour l'homme : ils sont d'autant plus féconds qu'ils impriment aux esprits une impulsion plus vive, et l'on peut dire que l'activité sociale des nations est en raison de la combustion des idées entretenue et secondée par la vitalité du principe qui règne.

Le gouvernement trouvait dans tous les esprits la même pensée et le même désir. Il se rendit l'écho des milliers de voix qui, par les fenêtres de l'Hôtel de Ville, lui apportaient le cri de la nation. Il le lui renvoya sans atténuation comme sans crainte, et la République reçut en même temps du gouvernement et du peuple son second baptême.

Le mot de République fut jeté à la foule comme le mot de la situation et le signe du salut. Il consacrait le règne du peuple qui venait de s'ouvrir, il mettait fin à l'interrègne de tous les pouvoirs. Il était en même temps un frein puissant et une garantie, parce qu'il décrétait la responsabilité du peuple. À dater de ce moment, il ne combattait plus, il régnait. Les hommes sur lesquels il s'était déchargé de tout fardeau lui imposaient des devoirs, en même temps qu'ils lui restituaient des droits ; ils prenaient le berceau de la République naissante et le remettaient entre ses mains : il en répondait devant l'avenir.

Cette mesure était d'une immense portée. Ce nom, les souvenirs qu'il réveillait, les horizons qu'il découvrait, changèrent subitement l'irritation et la colère en une patriotique émotion : attendrissement dont les larmes sont fécondes et font germer dans les cœurs le courage des grands sacrifices.

L'abolition de la peine de mort vint achever cette œuvre d'apaisement et de fraternelle réconciliation. Elle mettait un abîme infranchissable entre le régime nouveau et les souvenirs sanglants de 93. On se demande quel était ce peuple qui, au lendemain d'une complète victoire, proclamait la loi sainte du pardon. Ceux qui doutaient se sentirent pleins de foi ; ceux qui craignaient commencèrent à espérer, et plus d'un qui avait détourné la tête mêla ses acclamations aux cris du peuple victorieux. Le gouvernement venait de créer ce parti nombreux qui enrôla dans le peuple, dans les classes élevées, et jusque dans les partis hostiles tout ce qu'il y avait de citoyens plus attachés au salut de tous qu'au triomphe de leurs ambitions personnelles.

En trois jours ce gouvernement avait fait une révolution politique et une révolution morale. Il restait encore beaucoup à faire. La tâche était lourde, comme on a pu le voir par le tableau imparfait des misères avec lesquelles on était en présence. Le remède à cette détresse était dans la reprise de tous les travaux et dans le retour de l'activité. Là seulement était la solution de la crise sociale.

Mais il y a des circonstances où l'on peut dire qu'en attendant les effets de l'initiative privée, le devoir d'un gouvernement est d'aller au-devant des besoins les plus pressants. Ce n'est point la charité publique, comme on l'a dit, mais l'exercice du devoir de tous, délégué d'urgence à quelques-uns.

Ce fut pour répondre à cette impérieuse nécessité que le gouvernement arrêta les premières mesures destinées à donner aux classes pauvres le moyen d'attendre. Un décret restitua, à la charge du gouvernement, tous les objets déposés au Mont-de-Piété durant le mois de février par les ouvriers sans travail. Des secours furent distribués aux victimes du gouvernement de Juillet et des journées de Février. Mais la mesure la plus importante fut la création des ateliers nationaux.

On sait quel déplorable rôle ils jouèrent dans l'insurrection de juin, mais nous verrons comment ils avaient été pervertis et corrompus sous main ; comment d'une œuvre temporaire, d'un remède transitoire, on avait fait un mal persistant, et à qui incombe cette responsabilité.

C'était, dans le présent, du travail pour vingt mille hommes, et un million par jour distribué à d'irrésistibles besoins. Cette création arrachait une partie de la population ouvrière au désœuvrement et aux suggestions de la rue. Elle lui offrait en retour de son travail un salaire justement rémunérateur qui était comme une indemnité de la révolution qu'elle venait de faire. C'était le répit indispensable pour s'élancer à la défense des autres points menacés.

La question financière était la plus grave et la plus difficile. Tout s'enchaîne dans l'économie d'une nation ; pour faire cesser la misère, il fallait rendre l'activité au travail ; pour ramener cette activité, il fallait faire renaître la confiance, et pour cela, le gouvernement devait donner l'exemple, faire face à tous les engagements et affirmer sa solvabilité.

Il trouvait, comme nous l'avons vu, les caisses vides et l'avenir lui-même engagé.

La première mesure du ministre des Finances fut aussi heureuse qu'elle était hardie. À ceux qui colportaient des bruits sinistres de banqueroute, il répondit en avançant de quinze jours le paiement de la rente payable au 22 mars. L'échéance en fut fixée au 6, par anticipation.

La portée de deux autres décrets a été complètement dénaturée. Dans un rapide aperçu qui a pour but de démontrer quelle fut la part des hommes et quelle fut celle des choses dans les événements qui suivirent, il est nécessaire de leur restituer leur véritable caractère.

Sur 355 millions versés sous la monarchie dans les Caisses d'épargne, il en restait *soixante*.

Le gouvernement, comme l'exprimait M. Garnier-Pagès, aurait pu dire aux créanciers : Voilà le gage que vous laisse le gouvernement en qui vous aviez mis votre confiance, reprenez-le. La monarchie ayant fait faillite, les créanciers eussent été payés au marc le franc. On eût accusé Louis-Philippe et absous le Gouvernement provisoire. Celui-ci eut tort de ne pas consentir à cette lâcheté. Il voulut désintéresser ceux dont la fortune précaire était attestée par le chiffre minime de leurs dépôts. En remboursant intégralement tous les livrets au-dessous de 100 francs, il mettait en réalité hors de cause tous ces déposants auxquels s'attachaient l'intérêt et la sympathie, et dont cette humble somme, prélevée sur le produit de leur travail, représentait l'avenir il y a un mois, le présent aujourd'hui. Les autres étaient payés 100 francs comptant, le reste moitié en bons du Trésor, moitié en rentes cinq pour cent, au pair. Si les bons du Trésor étaient dépréciés, était-ce la faute du gouvernement qui venait de naître ou de celui qui venait d'expirer ?... Ou ne demandait à ces capitalistes que de la confiance dans l'avenir.

L'impôt des 45 centimes fut dicté par la même nécessité ; il fut établi avec la même équité, perçu avec la même modération.

Il y a des moments où la société peut être sauvée par des sacrifices. Ces sacrifices, on les demande à la classe la plus intéressée au salut de l'État et la moins souffrante. Ce n'était plus une contribution du quart que l'on imposait à la propriété foncière, mais une contribution extraordinaire de 45 centimes sur le total des quatre impôts directs. Vingt-neuf millions, accordés par voie de dégrèvement à tous ceux pour lesquels c'eût été une trop lourde charge, attestent qu'on ne s'écarta point des principes d'une juste distribution, première loi d'un gouvernement populaire.

Il rendit 160 millions. Ce n'était point une exaction des classes pauvres sur les classes riches, mais la contribution selon ses forces de chacun au salut de tous. Cet impôt avait ce tort grave d'être demandé par une République pour fonder la liberté du peuple. Si quelques récriminations furent élevées, l'Empire devait bien venger M. Garnier-Pagès !

Un impôt d'un centime sur les créances hypothécaires, dont le produit atteignit le chiffre de 45 millions, une retenue minime sur les traitements des fonctionnaires qui fournit une économie de 10 millions, telles furent les charges nouvelles qu'imposa la République.[1] Par une répartition aussi juste que respectueuse de la dignité humaine, cet appel au pays consacrait la généreuse égalité de tous devant le sacrifice, il ne faisait point de la République la débitrice d'une seule classe, mais la cliente de la France toute entière.

Le Gouvernement provisoire coûta 224 millions au pays ; les

---

1 Sur le manuscrit, le mot *charges* est souligné au crayon rouge, de même que, dans la phrase suivante, le mot *sacrifice*. Waldeck-Rousseau, à l'impression, les eût sans doute supprimés. On a, en effet, le droit de supposer que ni l'un ni l'autre ne lui convenait, non pas au point de vue style, mais comme appropriation de termes quant à la véritable qualification des choses, et à son appréciation personnelle des événements. Pour lui, sans aucun doute, le fait de contribuer financièrement à la consolidation du nouveau gouvernement populaire n'était ni un sacrifice, ni une charge : c'était le devoir du citoyen.

guerres plus ou moins heureuses, le luxe du second Empire lui ont coûté 14 milliards.

L'émission, sous le titre d'emprunt national des 100 millions qui restaient à souscrire de l'emprunt de 1847, ne fut point une spéculation. Le gouvernement répondait noblement aux offres d'une multitude de citoyens, qui, spontanément, étaient venus offrir à la République : les riches, une partie de leurs capitaux, les pauvres, une part de leur salaire, spectacle sans précédent qui ajoutait à toutes les gloires du peuple de 48 la gloire d'une patriotique générosité. Commandité en quelque sorte par les citoyens, cet emprunt en faisait les actionnaires de la France. Cette souscription nationale produisit 20 millions. Ce chiffre n'est pas seulement éloquent en faveur de ceux qui le grossirent les uns de leur or, les autres de leur obole : il témoigne que les premiers actes du gouvernement qu'on attaque si impitoyablement aujourd'hui avaient réagi contre les funestes tendances de l'esprit public au découragement et à la peur. Un retour à la confiance s'opérait dans l'opinion.

En même temps la Banque de France était sauvée par une triple résolution. Le gouvernement refusa de suspendre les engagements du commerce vis-à-vis de cette caisse de la nation ; il établit le cours forcé des billets de banque et l'affranchit de la nécessité de rembourser en numéraire son papier-monnaie. Son crédit fut ainsi relevé ; elle put avancer 230 millions à l'État.

Quoi qu'il en soit de toutes ces mesures, il est permis de les critiquer, il n'est pas permis d'en méconnaître l'effet. Le gouvernement avait trouvé en 1847 un budget mangé d'avance, et qui avouait 230 millions de déficit. Le budget rectifié proposé aux Chambres en 1848, alors que les membres du Gouvernement provisoire rendaient compte au pays de cette France dont ils avaient été constitués les dépositaires nécessaires, ce budget présentait un excédent de 11 millions.

En 1847, M. Duvergier de Hauranne s'écriait : « Nous n'avons plus de finances ! » Le 7 mai 18488, M. Garnier-Pagès pouvait dire : « La République a sauvé la France de la banqueroute ! » La gène douloureuse de l'État, déplorable héritage de la Monarchie, fut donc pour beaucoup dans les difficultés sans nombre qui surgirent au lendemain de sa chute. Seule, elle n'eût point suffi à entraîner la ruine de la République. En présence des résultats obtenus, il faut dire que ce ne fut point là l'obstacle sur lequel elle trébucha et qui devait la faire tomber, chancelante et découragée, dans les bras de l'Empire.

Quant aux reproches qu'on adresse aujourd'hui à cette administration, le plus précis que l'on puisse démêler parmi tant d'accusations vagues et de griefs indéfinis, c'est d'avoir cru, comme le disait un homme illustre dans l'enquête Quentin-Bauchard, « qu'il fallait administrer comme en temps ordinaire ».

En temps ordinaire le devoir d'un gouvernement honnête est d'administrer honnêtement : nous n'en savons pas d'autre. En temps de révolution en est-il autrement ? Nous ne le pensons pas. S'il y a des mesures plus décisives à prendre, il faut qu'elles ne violent pas la justice. Dans cette voie, en surélevant les impôts le gouvernement marcha sans faiblesse. Ce que le parti violent lui reprochait alors, c'était de s'être arrêté aux bornes du droit et du juste, de n'avoir pas exhumé des ruines de la Commune un Comité de Salut public qui décapitât une partie de la nation pour sauver l'autre : c'était, quant aux résultats, alors que le capital effrayé se retirait chaque jour davantage, de n'avoir pas consommé l'épouvante et substitué la panique à l'hésitation. Ce reproche seul serait sa justification.

Le Gouvernement provisoire se trouvait en présence d'un autre problème : la réorganisation du travail. Il n'y avait, comme nous l'avons dit, qu'une solution pratique : rendre l'activité au commerce, à l'industrie la confiance. Ce n'étaient pas deux questions, il n'y en avait qu'une. Toutes les forces sont solidaires ; le capital et le travail sont indissolublement liés dans la destinée ; chacun d'eux ne vit qu'avec l'autre et par l'autre. Alors que le capital se dissimulait, que le commerce languissait, que les débouchés devenaient plus rares, chercher en dehors de ces faits un moyen ou un remède, c'était organiser la respiration dans le vide, ou régler le mouvement sans espace.

Avant de proclamer le Code du travail, il fallait rouvrir les ateliers ; avant de mettre un frein aux abus du capital, il fallait en rétablir l'usage ; avant d'étendre les droits de l'un, il fallait rendre des facultés à l'autre.

Ce résultat fut obtenu au delà des espérances restreintes qu'inspirait l'horizon assombri par tant de désastres de l'année nouvelle. Un décret, qui prorogeait l'échéance des effets de commerce payables au 22 février jusqu'au 15 mars, eut pour effet de faire franchir sans trouble les longs jours de crise à cette monnaie du commerce.

En cherchant un soulagement aux maux présents, le gouvernement eut la gloire de rencontrer une institution. Dans cette tourmente qui avait tout ébranlé et tout obscurci, il trouva le mot de salut qui, pendant un demi-siècle de paix et de prospérité apparente, avait échappé à la Monarchie. La création des Comptoirs d'escompte doublait le crédit en anticipant sur l'avenir : la marchandise n'était plus ce capital infécond qui représente une somme immobilisée d'argent, de travail et d'intelligence mise au service du travail. Elle devenait un agent actif et comme un coefficient nouveau de fabrication. Le commerçant allait trouver en elle un gage productif ; il en recevrait la valeur représentative jusqu'au jour où elle serait définitivement réalisée par l'échange.

En quelques jours, du 17 avril au 7 mai, le Comptoir de Paris, seul, avait escompté pour une somme de 30 millions, et bientôt plus de cent Comptoirs semblables distribuaient à la France le bienfait de cette institution. La création des magasins généraux et des sous-comptoirs due à la même initiative en compléta l'économie : la véritable banque du Commerce et de l'Industrie était fondée.

La lettre de change fut affranchie de l'obligation des trois signatures ; des bureaux de renseignements, statistique quotidienne de l'offre et de la demande mise au service des ouvriers et des patrons, furent ouverts dans les mairies. Enfin il est permis de dire qu'en trois mois ce gouvernement avait fait pour le travail et pour l'industrie plus qu'aucun des siècles qui l'avaient précédé et qui lui léguaient une si lourde tache.

Les tableaux d'exportations et d'importations témoignent que, sous l'impulsion de ces mesures, le commerce, quelques mois après les journées de Février, avait repris un élan qui permettait d'espérer un avenir meilleur. Pourtant, à cette époque, tout languit encore et tout semble en question.

La réforme politique avait-elle été moins hardiment entreprise ? Non ! Un mois après la Révolution, la France avait non seulement ressaisi toutes les conquêtes de 89, mais elle en avait réalisé toutes les promesses. Une égalité réelle était devenue la base de la Constitution provisoire qui n'attendait plus que la consécration du pays. La liberté des réunions est assurée ; la liberté de la presse rendue vraiment complète par la suppression du timbre ; le suffrage universel, investi du droit de gouverner la France ; l'homme, arraché au servage politique du cens électoral ; la nation, émancipée !

En quelques jours, soutenu par le concours d'un nombre immense de généreux citoyens, le Gouvernement provisoire avait accompli, non pas seulement cette œuvre presque surhumaine de soutenir l'édifice d'une société ébranlée par le vice de ses institutions, mais celle plus difficile de jeter les bases d'un monde nouveau. Il semblait que la France dût marcher sans effort dans le large et fécond chemin que lui ouvrait la seconde République. Pourtant il n'en est rien. Alors que les finances sont rétablies, l'impulsion et la confiance rendues à l'activité commerciale, et l'affranchissement de la pensée humaine rendu complet, le sol, où tant de germes pleins de promesses viennent d'être déposés, ne cesse d'être ébranlé par de continuelles secousses, et chaque réforme est comme un enfantement douloureux et stérile qui s'accomplit dans de fatales convulsions.

Quel était donc ce mal étrange, d'où venait cette plaie secrète que rien ne pouvait guérir et qui s'élargissait à mesure que les remèdes étaient plus généreusement distribués ?

Chapitre II

C'est le coté triste de cette histoire, comme c'est le coté humiliant de l'humanité moderne, que nous entreprenons d'examiner.

Après dix-huit siècles l'humanité peut encore se décomposer ainsi : une partie généreuse, instruite, ardente au bien, mais impuissante, comme tout ce qui est homme, à faire le miracle de la multiplication des vertus civiques : une masse considérable, prompte à l'enthousiasme, naturellement portée au bien, mais facile à tourner au mal. Son excessive sensibilité, alimentée par d'excessives souffrances, n'est ni tempérée ni dirigée par l'instruction qui affranchit l'homme des influences extérieures et en fait le seul juge de ses actions, criterium infaillible de ses actes politiques, dont l'effet est d'empêcher qu'une doctrine, une idée, ne devienne l'ambition de son cœur et le besoin de sa nature avant d'avoir été justiciable de son esprit. Alors seulement l'homme cesse d'être l'aveugle instrument des partis, et devient l'arbitre suprême et sans appel de ses destinées.

Au-dessous de la première de ces deux classes, derrière la seconde, se trouve enfin cette faction dont nous avons dit dès le commencement les passions et les tendances : parti du règne absolu et violent de la vérité dont il se prétend dépositaire ; héritier direct de cette Commune qui, pendant de longues années, avait donné le spectacle d'une minorité infime, suppléant au nombre par l'audace et au droit par la violence, et substituant à l'esclavage de la royauté l'esclavage, non moins honteux et plus féroce, d'une oligarchie d'hommes qui s'étaient institués eux-mêmes les fondateurs d'une société nouvelle, faite à l'image de leurs ambitions.

Il ne pouvait être question cinquante ans après la première République de reprendre ce qu'il y avait de barbare dans sa tradition. L'abolition de la peine de mort en matière politique avait creusé entre le présent et le passé un abîme qu'on ne pouvait combler. Mais si la violence des moyens lui échappait, ce parti conservait la violence des doctrines. Il considérait la société comme un être avili et dégradé qu'il faut sauver en dépit de lui-même et dont on doit faire abstraction pour préparer les hommes de l'avenir.

Entre ces deux partis, entre ces deux tendances, le peuple, cet Hercule des temps modernes, était placé comme l'Hercule de la fable entre le Vice et la Vertu.

Tandis que l'un s'adressait à sa conscience, l'autre en appelait à ses colères : les uns l'adjuraient au nom du droit, les autres l'entraînaient par les séduisantes promesses d'un temps meilleur où il retrouverait en quelques heures les jouissances perdues d'un siècle : les uns lui promettaient la liberté, les autres le bonheur.

L'avenir dira à sa gloire qu'il sut se défendre des décevantes promesses et qu'il se rangea du coté des mâles devoirs. Mais, à certaines heures, les troubles fomentés, ses douleurs avivées, le désespoir d'une situation funeste savamment amenée, l'arrachèrent aux conseils de la raison est aux inspirations de sa noble nature. Ceux qui avaient préparé cette terrible ivresse saisirent ce court intervalle de délire, et lui mirent un poignard à la main, dont il frappa au hasard. Quand il se réveilla, hagard et désespéré, il avait sur la main une tache du sang de la Liberté. L'Histoire impartiale le plaindra, et maudira les règnes qui l'avaient abandonné à ses propres fureurs. L'accuser serait impossible ; le condamner serait impie.

Mais il faut en tirer cette conséquence que mettre à la charge du gouvernement toutes les fautes et le crime fatal de la situation, se-rait aussi profondément injuste que de les imputer au peuple lui-même. C'était le passé surtout qui était coupable.

Chapitre III

Dès les premiers jours, le gouvernement rencontra une oppo-sition plus ardente, plus implacable qu'aucun autre pouvoir n'en avait trouvé sur sa route.

On se fait d'une République cette idée fausse qu'elle est le remède à tout qui guérit subitement toutes les souffrances et donne sa-tisfaction à toutes les ambitions. Il n'est pas au contraire de gou-vernement auquel les ambitions personnelles soient plus funestes. Du haut en bas de l'échelle sociale, la loi de salut public est alors le désintéressement. Ce désintéressement, la République le trouva chez un grand nombre, chez le peuple surtout. Sa première procla-mation fut le *fiat lux* créateur qui fit surgir du sol un parti immense qui vécut, combattit et tomba aux cris de : « Vive la République ! » Il s'était recruté dans toutes les opinions. Seule une fraction se retira d'elle et rentra comme Achille dans sa tente pour préparer ses armes et organiser le combat.

Le gouvernement lui avait donné cette légitime satisfaction d'ap-peler dans son sein les hommes qu'elle désignait alors comme ses mandataires : Louis Blanc et Albert étaient le signe de cette représentation complète des opinions et le gage du dévouement du régime nouveau à la satisfaction de tous les intérêts. Mais ces quelques hommes qu'elle montrait alors au peuple comme ses élus, parce que l'éclat de leur nom ou la pureté de leur vie lui étaient un manteau glorieux dont elle couvrait ses ambitions, elle les avait condamnés d'avance. Elle les rencontra sur sa route, comme tous ceux qui étaient la personnification honnête du socialisme, toutes les fois qu'elle fut sur le point de porter une main violente sur le pays. C'est Cabet qui harangue l'émeute des clubs au 17 mars ; c'est Louis Blanc qui les arrête au 16 avril. Ceux qui se mettaient hardiment entre elle et la dictature n'étaient pas ses hommes : elle les renverserait sur les marches du gouvernement pour escalader le pouvoir.

Elle répudia bientôt ces noms trop glorieux ou trop honnêtes ; aujourd'hui elle les accuse.

Son but ne varia jamais ; ce fut toujours de substituer à la souveraineté nationale, issue du suffrage universel, un Conseil des Dix, un Comité du Saint public, qui fit table rase de tous les droits, de tous les devoirs, de toutes les conquêtes de l'humanité pendant dix-huit siècles, pour exterminer plus sûrement les abus. Nouvel Hérode, elle poursuivait la destruction du mal par la destruction de tout ce qui existait. Sur les ruines de la justice et de la propriété, elle édifierait un ordre nouveau dont les premières assises n'étaient pas encore arrêtées et dont les premiers projets étaient l'incohérence et le rêve pousse jusqu'au cauchemar.

Saisir le pouvoir, telle était sa volonté. Qu'édifierait-elle, comment remplacerait-elle ce qu'elle abattrait ? Elle l'entrevoyait à peine dans les songes confus de cette malsaine ivresse, où le monde entier semblait tourner autour de ces réformateurs sans qu'ils pussent y rencontrer la stabilité ni l'équilibre. Le socialisme, dont nous avons dit plus haut ce qu'il était à cette époque, lui fournissait une arme terrible. Cette doctrine, qui était peu à peu devenue l'espoir indéfini de tous ceux que rebutaient les tristesses du présent, entretenait dans les esprits cette fièvre de la richesse et du bien-être qui exalte les intelligences cl énerve les cœurs. Le parti réactionnaire l'avait pris sous sa protection et s'était confondu avec lui, pour se mêler plus intimement à toutes les passions et à toutes les espérances.

Elle le montrait au peuple comme le programme du bonheur futur, au gouvernement comme la condamnation de ses actes. « Comment laisserait-on la toute-puissance et l'initiative de toutes les réformes à un pouvoir indifférent qui n'était que le premier ministre des riches et non le protecteur des pauvres ? Qu'avait-il fait pour ceux-ci ? que n'avait-il pas fait pour ceux-là ? Le peuple ne se lasserait-il pas de souffrir ? Se soumettrait-il toujours à une tutelle désastreuse et déshonorante ? ... »

Elle plaçait ainsi incessamment le peuple en face de ses souffrances. Elle s'était trouvée un jour en face d'une plaie terrible : elle avait eu le triste courage de dire : Je l'exploiterai ! En même temps elle acculait le gouvernement entre une impossibilité et un crime : changer la face du monde en huit jours, ou, se débarrassant des entraves gênantes de la légalité, jeter brusquement toutes les institutions, tout ce qui était le présent, dans le creuset de la réforme violente.

En trois siècles, un être prodigieux a fondé la société chrétienne, et on en a conclu qu'il était vraiment Dieu ; en quelques mois, des hommes n'avaient pas changé la face du monde ; elle en concluait qu'ils étaient des criminels !

Écouté parfois, oublié bientôt, ce parti comprit qu'il ne fallait pas se fier au hasard des passions inconstantes, qu'il fallait une organisation à son action désorganisatrice, qu'il fallait circonvenir les masses, les isoler, les aveugler, que le désordre devait avoir des institutions.

Les clubs, les journaux, les pamphlets lui furent autant de tribunes dont il s'empara pour pervertir lentement ces intelligences sans défense, obligées d'accepter sans discussion ce qu'elles ne pouvaient approfondir. L'influence sur le quartier Saint-Antoine en fut désastreuse. D'une classe laborieuse, héroïque, qui avait été le meilleur rempart de la liberté, d'incessantes prédications firent ces malheureux qu'on avait déshabitués du travail, détournés de l'atelier (nous le verrons tout à l'heure), pour les conduire désespérés sur les barricades de l'insurrection.

« Les Clubs ont fait tout ce mal », disait Arago.

« On nous trompe, disaient des ouvriers à Lamartine : nous n'avons pas le moyen d'acheter ces grands journaux qui disent la vérité ; on nous en donne gratis qui nous distribuent le mensonge. »

Peu à peu cette sourde conspiration devint un État dans l'État. Le Club des Clubs était le centre d'où son action se répandait au loin dans les classes souffrantes. Il avait ses caisses, ses agents, son armée qu'il payait, ses arsenaux. L'insurrection de Juin amena la découverte d'une manufacture de poudre rue du Chantier. Il avait inondé la France de ses agents qui recrutaient parmi les ouvriers sans ouvrage ou les travailleurs occupés qu'on arrachait à leurs travaux.

Le Club des Clubs toucha par l'intermédiaire de Longepied 103 000 francs ; cet argent, pris dans les caisses de l'État, soudoyait les agents de cette vaste conspiration. Il était arrivé à former une société dont les statuts reposaient sur la renonciation complète à tous les droits du citoyen, de discuter sa conduite, de refuser de prêter son concours. « L'organisation de la Société étant toute militaire, il (l'individu) sera à sa disposition toutes les fois que le comité central aura décidé une permanence armée ou sans armes ; sans qu'il puisse arguer ni de ses biens de famille, ni de ses affaires personnelles » ; — « il faut qu'il ait fait abnégation de son individualité d'une manière aussi absolue pour le service de la société ».

Tel était le serment que devaient prêter ceux qu'on enrôlait dans ce corps mystérieux, dont beaucoup ignoraient le but et les résolutions. C'était le *perinde ac cadaver* de ces nouveaux rose-croix qui tiraient l'épée contre la liberté au lieu de la défendre.

Voici un exemple des moyens dont on se servait pour diviser les citoyens, effrayer les uns, exaspérer les autres, désunir toutes les classes. « Si l'adversaire politique est noble, légitimiste, le délégué insistera sur les malheurs dont ces légitimistes, ces monarchiens, ont doté la France » — jusqu'ici rien que de juste — « ils se *sont enrichis aux dépens des travailleurs*, cela constamment, aspirant à conserver les privilèges, les gros impôts. *Si l'adversaire est un financier, un homme à écus*, le délégué le peindra comme ayant toujours enlevé à l'agriculture, au paysan, à l'ouvrier, la plus large part des bénéfices de leur labeur, *escomptant la sueur, la fatigue du peuple, qu'il opprimait encore* sous le régime d'égoïsme renversé. »

Proud'hon avait jeté à la société moderne cette accusation : « la propriété, c'est le vol » ; il expliquait cet aphorisme. Ces faiseurs de propagande allaient plus loin, ils disaient : les propriétaires sont des voleurs ! C'était l'appel aux armes et à la guerre civile.

Tel était le travail souterrain auquel la France était soumise : c'était par ces insinuations, c'était par ces menaces qu'une lutte funeste était préparée, jour par jour et heure par heure, jusqu'au moment où toutes les classes lasses de se craindre et fatiguées de se trouver face à face, les unes avec une espérance qui les enivrait, les autres avec une menace, en viendraient aux mains.

À chaque effort du gouvernement pour l'établir la confiance, il répondait par un coup qui ébranlait la France ; il paralysait les effets du bien en inspirant sans cesse la crainte du mal. Il en résultait un trouble indicible, une gêne qui survivait à toutes les mesures et continuait d'empêcher que le crédit ne se relevât et que les ateliers ne se rouvrissent.

C'était le but direct des efforts de ces ambitieux qui avaient brûlé leurs vaisseaux et juré de s'élever sur les ruines de la société moderne ou de s'ensevelir sous elles. L'enquête sur les journées de Juin révéla que, tandis que le gouvernement, tandis que tous les gens honnêtes et véritablement émus des souffrances du peuple s'efforçaient de rouvrir des débouchés au travail, ces hommes organisaient la grève des ouvriers, l'abandon des ateliers privés, et aggravaient tous les jours le mal.

Pourtant l'œuvre de corruption fut lente à s'accomplir. Ce qu'elle gagnait un jour, elle le perdait le lendemain. Aussi est-il curieux et instructif de suivre ses progrès dans les événements qui précédèrent les journées de Juin.

Le 16 mars fut signalé par une démarche insignifiante de la Garde nationale, et bientôt dispersée et apaisée d'elle-même. Aussitôt les agitateurs se mettent en campagne, répandent le bruit que la Garde nationale a voulu violenter le gouvernement et lui enlever son indépendance avec sa dignité. Le peuple s'émeut ; il s'indigne. On arrête qu'une députation imposante ira porter à l'Hôtel de Ville l'assurance du dévouement du peuple aux nouvelles institutions. Une députation noble, digne, descend des Champs-Élysées ; c'est une sédition armée, recrutée dans les clubs les plus violents, qui arrive sur la place de l'Hôtel de Ville. Quelques rares bonnets rouges, que le peuple voit avec dégoût, indiquent ce qu'est cette avant-garde. C'est elle qui envoie ses délégués au gouvernement. Le peuple est venu là pour consacrer la liberté d'action du gouvernement : ils le somment de délibérer sous leur pression ; le peuple est venu pour lui apporter l'expression de sa confiance : ils le mettent en suspicion et veulent qu'il signe sa déchéance ! Ils mentent à la manifestation comme ils mentaient à la liberté. Revendiquent-ils les droits du peuple et de la souveraineté nationale ? Mais non : ce qu'ils veulent, c'est l'ajournement des élections qui vont donner au pays un gouvernement de son choix.

Au 16 avril, c'est encore la même tactique. Sous prétexte de s'entendre à l'Hôtel de Ville sur le choix de candidatures ouvrières, le même peuple est soulevé : les mêmes hommes se mettent à sa tête, et d'un congrès électoral, en animant les esprits, en échauffant les âmes, ils font une manifestation contre les élections. Mais ce jour-là encore, la conspiration devait passer sous les fourches caudines du vrai peuple.

Sans cesse, vaincus, ils ne se découragent pas. Le 15 mai vint jeter un jour complet sur les moyens que ce parti appelait au secours de ses projets.

Ce fut, comme le 17 mars et le 16 avril, un *faux en manifestation publique*, s'il est permis de parler ainsi. Une pétition en faveur de la Pologne fut le prétexte ; la violation de l'Assemblée, la négation de la France, furent le but.

Ici encore la réaction devait échouer. Pendant que des factieux attentaient à la Représentation, la foule venue là pour la Pologne faisait retentir la place du cri ; « Vive l'Assemblée nationale ! » — Ses prétendus délégués mentaient encore.

Le complot échoua par la modération du gouvernement attaqué. Il s'enveloppa comme Marius de sa majesté : pas une goutte de sang ne coula. Les conjurés étaient trompés dans le plus honteux des calculs. À leur honte éternelle, ces hommes, pour qui le peuple qu'ils flattaient sans cesse n'était qu'un marchepied, avaient eu le courage de spéculer sur son sang. Un projet de grief *rédigé d'avance* témoigne que leur calcul était celui-ci : ils menaient sciemment, sous couleur de Pologne, le peuple à la boucherie ; on tirerait sur lui pour venger l'attentat qu'ils allaient commettre, eux ; ils ramasseraient ce sang pour le jeter à la face de l'Assemblée et la marquer du sceau mortel qui désigne les victimes ; l'erreur de l'Assemblée serait son crime : l'erreur du peuple serait leur vengeance.

Ce complot, qui soulève la conscience de dégoût, avorta : cette terrible machine, chargée de haines jusqu'à la gueule, ne porta pas. Elle partit sans laisser d'autre trace qu'une tache indélébile au front de ceux qui avaient pu concevoir un tel projet et oser l'entreprendre.

Ainsi le peuple lutta jusqu'au bout : il devait succomber sous le poids des malheurs que l'on accumulait sur sa tête pour faire enfin fléchir sa résolution et son courage.

Dirons-nous ce que furent les lamentables journées de Juin ? mais ceux qui appartiennent à cette époque en ont conservé le lugubre souvenir ; pour ceux qui ne naquirent que plus tard à la vie politique, leur mémoire est comme une de ces grandes leçons qui sont l'enseignement des gouvernements et des peuples. Plus heureux que l'historien qui doit remuer ce sang pour dresser la liste des coupables, nous pouvons jeter un voile sur ces cadavres. C'est une de ces tristes haltes du progrès marquée par un crime, où le philosophe doit poser une croix sans inscription, comme on en voit aux carrefours sinistres, théâtres d'un de ces malheurs qui sont l'opprobre d'une partie de l'humanité et la douleur de l'autre.

Mais nous devons dire quel fut ce déplorable malentendu et quelle en fut la source.

Comme au 16 mars et au 17 avril, le peuple fut hideusement mystifié ! L'enquête Quentin-Bauchard, qui fut moins un procès de personnes que l'instruction complète du rôle, des actes, des paroles de tous les partis, confirme cette assertion que ce ne fut ni une insurrection spontanée, ni le résultat inévitable des maux d'une époque de transition, moins encore l'effet du licenciement des ateliers nationaux. Ce dernier événement fut le signal, non la cause de cette lutte. Depuis longtemps l'action incessante du parti désespéré l'avait rendue inévitable. Durant quatre mois, ses efforts peuvent se résumer ainsi :

Augmenter la détresse par l'absence du travail ;

Arracher aux ateliers privés les ouvriers, pour les enrôler dans les ateliers nationaux ;

Ruiner ainsi l'industrie privée et prolonger ce malaise qui devait forcément aboutir à une catastrophe ;

Tromper ainsi les ouvriers sur les intentions du gouvernement en dénaturant ses actes d'abord, en en paralysant l'effet ensuite ;

Prêcher la révolte partout et partout la défiance ;

Amonceler enfin sur la France des nuages gros de colères qui crèveraient dans un coup de tonnerre.

La Commission des délégués du Luxembourg n'avait trouvé aucun remède aux maux présents dans les théories qui y étaient enseignées ; elle n'avait abouti qu'à envoyer dans les provinces des agents qui faillirent dégoûter, par l'effroi, le pays, de la République. Ils s'étaient emparés des ateliers nationaux : arracher les ouvriers à leurs travaux, les attirer dans cette impasse d'où ils ne pourraient sortir ; effrayer les patrons, intimer à quelques-uns l'ordre de fermer leurs ateliers, tel fut le but constant de leur politique.

Aidés par cette vaste société dont nous avons vu le caractère et qui avait jeté en France plus de 400 agents, ils étaient arrivés à recruter les désespérés et les énergumènes de toutes les classes, masse peu nombreuse, mais qui devait peser avec efficacité sur les travailleurs honnêtes et enrôlés de force pour l'insurrection. Tous ces faits sont confirmés par les dépositions sans nombre recueillies sur les journées de Juin, et dont nous citerons ici celles qui se rapportent à des faits plus précis et plus significatifs.

Déposition Carliès (directeur de la Police) :

Chaque corps d'étal des Ateliers nationaux est représenté par un comité : les comités font sortir les ouvriers de leurs ateliers et les envoient aux Ateliers nationaux.

Cette déposition a cela de remarquable que les mêmes assertions, avec plus de détails, se retrouvent dans un rapport du 4 juin. Elles n'étaient pas forgées après coup :

Il existe une coalition formée par les délégués du Luxembourg à l'effet d'empêcher les ouvriers de travailler de leur état (Suivent les noms). Chaque corps d'état a son comité particulier qui dirige l'oppression sur les Ateliers. Les chapeliers qui sont les mieux organisés, *et dont la caisse contient plus de 6000 francs*, ont pour membres du comité…

Les différents comités ont obtenu par intimidation la cessation des travaux dans les ateliers des fabricants.

Un renseignement qui arrive à l'instant donne pour certain que le nombre des ouvriers boulangers qui arrivent dans la capitale augmente d'une façon effrayante, (4 juin).

Rapport du préfet de Police (5 mai) :

Pierre Waldeck-Rousseau

Les ouvriers chapeliers sont en grève. (La moyenne du salaire de cette profession est de 7 et 8 francs.)

Les délégués du Luxembourg ont intimé l'ordre aux trois fabricants, *dont les noms suivent*, de suspendre leur travail.

Et maintenant veut-on savoir comment se faisait l'enrôlement : Déposition Émile Péreyre (administrateur du chemin de fer du Nord) :

Un grand nombre d'ouvriers n'étaient nullement disposés à des actes d'insurrection, mais ceux-là étaient enlevés de leur domicile, on les forçait à marcher.

Déposition Caré (propriétaire d'un grand atelier de mécaniciens) :

La plupart de ses ouvriers avaient été enrôlés dans une société de secours mutuels. (Chose particulière, cette société était armée).

La plupart des ouvriers sont, à la connaissance du témoin, heureux de l'issue des événements, parce qu'ils espèrent échapper à l'oppression des meneurs. — Ce sont eux et les paresseux qui ont tout monté. Une partie des ateliers du témoin a pris part à la manifestation du 15 mai. Ils se plaignaient qu'on les eût trompés sur le sens de la manifestation. Il est convaincu que le plus grand nombre s'est battu sans savoir pourquoi.

Déposition Flocon (représentant) :

Le 15 mai a été une surprise du peuple par une poignée de misérables.

Déposition Panisse :

J'ai pénétré dans les groupes ; les ouvriers croient qu'on veut leur enlever la République : tous les mécontents, les repris de justice, les gens sans aveu, grossissent l'insurrection.

Déposition Chenu :

Il fut décidé chez… qu'on répandrait cette croyance que les bourgeois se battaient pour la régence, qu'un impôt extraordinaire serait levé pour les ouvriers contre les capitalistes.

Ainsi le mensonge d'abord, les promesses enivrantes ensuite, la violence enfin, tels furent les moyens employés pour entraîner aux barricades les malheureuses victimes dont le sang était nécessaire au parti désespéré.

Soit coïncidence, soit calcul, la moitié des forçats libérés et des repris de justice, plus de dix mille, s'était trouvée à ce rendez-vous : sinistres pilleurs d'épaves qui accourent à tous les naufrages de la société ; garde avancée de cette conspiration qui recrutait surtout dans les bas-fonds du vice et du crime.

Ce jour-là peuple et gouvernement furent victimes : il n'y eut point de vainqueurs dans cette déplorable bataille ; le gouvernement y perdait la confiance ; le peuple, le respect ; la France, l'espoir. Il n'était pas une de ces balles tirées dans ces trois journées qui n'eût fait une blessure mortelle à la liberté.

La République ne devait jamais se remettre de cette terrible chute. L'Empire était fait. Tous ceux que les débuts glorieux de ce gouvernement du peuple avaient rassurés, désespérèrent. Ceux qui sans cesse s'étaient mis en travers des passions mauvaises et des efforts criminels sentirent leurs forces défaillir et le découragement étreindre leurs cœurs.

Tous ceux qui recherchaient à rejeter la faute des événements sur quelqu'un ou sur quelque chose s'emparèrent avidement de cette occasion de condamner la République. Ce germe de mécontentent ne devait pas tomber dans un sol ingrat.

Le parti napoléonien avait pris une part active à cette criminelle révolte. Sa responsabilité dès ce moment est grande ; le dossier du procès que lui fera l'avenir est déjà presque complet ; les rapports de police le désignent comme travaillant dès ce jour à renverser ce gouvernement que son chef devait trahir. Parmi les noms qui devaient composer le pouvoir nouveau, celui de Louis Napoléon fraternise avec celui de Sobrier sur les listes de proclamation qui furent saisies. La préméditation du 2 Décembre remonte au 23 Juin.

Mais, entre ces deux événements dont l'un fut le résultat de l'autre, il y a cependant une différence profonde : les journées de Juin furent une sédition du peuple, et le 2 Décembre une sédition de soldats : les premières furent une révolte, le second une trahison.

Et maintenant, quand on recherche à qui remonte la responsabilité de ces journées, est-il possible de se méprendre ?

L'avenir plaindra le peuple, il absoudra le gouvernement, il flétrira les ambitieux.

Pierre Waldeck-Rousseau

Condamner le peuple serait aussi insensé que de nier ses fautes : il faut surtout admirer ses vertus et déplorer son impuissance. Il avait le droit de demander compte aux gouvernements précédents de leur négligence : personne n'aurait le droit de lui demander compte de ses erreurs.

Condamner le gouvernement serait méconnaître et sa situation et sa nature. Le droit, qu'il avait proclamé et reconnu, était un rempart trop faible contre les inexpériences et les passions du moment. Sous l'effort des eaux, la frêle digue qu'avait élevée la main des hommes est emportée : quand on en retrouve les débris, on ne l'accuse pas d'avoir fait l'inondation.

Le gouvernement crut peut-être la France trop forte et les hommes trop mûrs : il resta ce qu'il avait été dès les premiers jours, un gouvernement libre, étranger à la force et à la violence. Cette attitude a sauvé la République de l'avenir. Invraisemblable après 93 la République est certaine depuis 1848.

Il lui eût été facile de comprendre le gouvernement du peuple comme l'avait compris Napoléon 1er et comme devait l'appliquer le second Empire : par les casernes et les baïonnettes. Au lieu d'éloigner l'armée, il pouvait la concentrer sur ce cœur de la France sans cesse soulevé par des battements désordonnés, et en étouffer les palpitations sous le poids de 200 000 hommes armés ; il crut que si la liberté ne pouvait se défendre d'elle-même, l'ordre établi par le sabre et la tranquillité assurée par le despotisme n'étaient pas dans les attributions d'une République. Le sauveur ne se fût pas appelé Bonaparte : mais qu'importe le nom ?

D'ailleurs il fallait peut-être qu'il en fût ainsi pour le salut de l'avenir et l'enseignement des peuples. La forme républicaine est le régime des peuples faits, non celui des peuples enfants qu'il faut contenir et défendre.

Ceux qui croient mieux servir ce grand maître des temps modernes, le seul dont l'esclavage honore au lieu d'avilir, en lui montrant ses fautes qu'en lui désignant des victimes, lui diront : grandis ! instruis-toi ! Le jour où le gouvernement du peuple sera le règne de la raison et de la justice, il sera irrévocablement fondé. Jusque-là, liberté et réforme sociale seront une révélation qu'il devra accepter sans la comprendre. Le gouvernement de tous exige la capacité et la virilité de tous.

Nous avons fait en sorte de ne nommer personne dans cette courte étude. Nous sommes de ceux qui demandent au passé des leçons, non des rancunes.

L'Histoire sera plus sévère. Comme nous, dans cette lutte fratricide, elle fera la part du peuple et celle des agents provocateurs ; elle dira comment les uns préméditèrent cet attentat et arrêtèrent ces massacres ; comment ils entreprirent de souiller le front vierge de la Révolution de Février, comprenant que, pure, elle leur échappait et les méprisait sans les craindre, que, violée, elle leur appartiendrait du droit du déshonneur. Elle racontera comment le peuple fut victime d'une presse de l'insurrection ; comment, après avoir été détourné du travail et mis face à face avec le désespoir, on vint lui dire : tu souffres, voici un fusil ! tu as faim, venge-toi ! comment, au premier coup de feu, il recula un instant en voyant cette République qu'il avait faite, profanée par ses mains ; comment le désespoir de cette apparition dégénéra en rage folle.

Mais ce qu'il faudra qu'elle dise, à la honte de ces agents provocateurs, c'est qu'alors que la lutte était devenue impossible, quand l'Assemblée nationale ouvrait ses bras à ses frères égarés, ils voulurent ensevelir leurs victimes sous les ruines de leurs projets. De barricade en barricade, ils allèrent semer l'épouvante et crier qu'il n'y aurait pour personne de pitié ni de merci. Le jour où elle retrouvera leurs noms, elles les attachera au pilori des peuples trompés, et l'indignation publique aura le droit de les marquer à l'épaule.

Si nous faisions l'histoire des faits et des personnes, non celle des choses, nous venions quel fut le rôle de l'Assemblée, quel fut celui des représentants. Ce jour-là, l'écharpe tricolore des députés fut le signe pacifique de la réconciliation et du pardon qu'au péril de leur vie ils étendirent entre les combattants. Bixio, Dornès et d'autres non moins illustres, partagèrent avec Affre les dangers de cette glorieuse mission ; et plus d'un, qui ne s'est jamais fait un titre d'un devoir accompli, sans attendre le mandat de l'Assemblée s'improvisa l'apôtre courageux de la fraternité et se jeta dans la mêlée pour abaisser les glaives et relever les fusils. Ils sont assez récompensés[1] !

---

1 En écrivant ces lignes, Waldeck-Rousseau avait le droit de penser à son propre père, représentant du peuple en 48, qui, avec un groupe de collègues, courut dès les premiers coups de fusil aux barricades tenter d'arrêter le massacre. Pendant les quatre

L'histoire de cette époque n'est pas encore faite ; ce serait pourtant une noble tâche que d'en faire ressortir les nombreuses leçons : le peuple y apprendrait à se défier de ceux qui exploitent ses passions ; il y apprendrait la haine de tout ce qui est parti ou faction, le culte de tout ce qui est désintéressement et fraternelle entente. Quelques hommes ont, avec leurs souvenirs et avec leur conscience, écrit sur cette phase décisive de la République des pages qui sont une déposition éloquente confiée à l'avenir : le temps, ce grand juge, prononcera !

Mais quand on jette un coup d'œil sur l'ensemble des événements qui se passèrent dans les premiers mois de cette année, il est impossible de se défendre d'un sentiment d'admiration et de respect. Ce fut moins une révolution qu'une épopée : vices, vertus, abnégation, dévouement, tout y est à la taille d'un monde de géants ; un abîme sépare cette époque de toutes les autres, et cette révolution, de toutes les révolutions.

Oui, il y eut véritablement des hommes de 48 ! et la grandeur de leur rôle fut dans un respect inébranlable du droit, dans le dévouement sans bornes à une idée, dans l'honnêteté d'une politique qui n'hésita jamais en présence de la justice ou de l'iniquité des moyens.

Oui, il y eut un peuple de 48 ! et la grandeur de son caractère est dans cette abnégation qui ne se démentit que lorsqu'il fut épuisé et sans forces pour la résistance.

Quant à ceux qui méditèrent la ruine des uns par le malheur des autres et, par de funestes calculs, amenèrent ce conflit qui devait être la mort de la République, ce sont les conspirateurs de tous les temps.

WALDECK-ROUSSEAU

---

jours que dura l'effroyable bataille des rues, il se jeta en médiateur dans la mêlée au péril de sa vie, sans armes, ceint de son écharpe, cherchant à arrêter l'effusion du sang, prêchant à tous, insurgés et assaillants, la réconciliation et la fraternité.

ISBN : 978-1523818655

www.ingramcontent.com/pod-product-compliance
Lightning Source LLC
Chambersburg PA
CBHW072023280526
45788CB00007B/2652